LOS
Votos matrimoniales
EN 5 PASOS FÁCILES

Y OTROS CONSEJOS ÚTILES
PARA LA CEREMONIA

Dra. Ingrid Wright

Los votos matrimoniales en 5 pasos fáciles
Copyright 2022 © Dr. Ingrid Wright

ISBN: 978-0-9992143-5-0

Se pueden obtener ejemplares de este libro en Amazon.com

Favor de tomar nota:
El arte de la portada es una obra de la Dra. Ingrid Wright y está protegido por las leyes de derechos de autor de los Estados Unidos.

Impreso en los Estados Unidos de América

Para distribución mundial

—⁓⊗⊗⊗⁓—

Dedicatoria

Para mi esposo, Jay, y los más de 40 años de matrimonio
feliz que hemos disfrutado juntos.

—⁓⊗⊗⊗⁓—

Reconocimientos

A mi talentoso marido, Jay, por sus aportaciones,
su trabajo de edición y su amor y apoyo.

A mis hijos, Julie y Brian, por sus ideas creativas y sus
habilidades de organización.

A Carol, por su asesoramiento y sus valiosas
sugerencias.

CONTENIDO

INTRODUCCIÓN

¡Felicidades! Ya están comprometidos.

La palabra *prometido* es muy divertida de decir. Suena tan elegante y romántica.

Es un momento maravilloso y emocionante para los dos. Seguramente sus amigos y familiares están celebrando con ustedes. Su boda será el comienzo del resto de sus vidas juntos.

La ansiada pedida de mano se ha llevado a cabo con éxito, y probablemente fue una sorpresa para la novia. La respuesta fue "SÍ" y ahora están comprometidos. Sus títulos entre sí y la forma en que los demás se refieren a ustedes han cambiado de novio y novia a prometidos.

Y ahora, ¿qué es lo que sigue?

Hay muchas preguntas que responder, elementos que considerar y decisiones que tomar. Este libro está diseñado para ayudarte a navegar por algunas de esas preguntas con facilidad.

A través del libro encontrarán CONSEJOS EXPERTOS que tienen la intención de darles "perlas" de sabiduría para ayudarles a escribir sus votos.

Capítulo Uno

PARA COMENZAR

Ahora que están comprometidos, es muy posible que empiecen a hacerse las siguientes preguntas:

- ¿Cómo empezamos a planear una boda?

- ¿Cuándo y dónde debemos casarnos?

- ¿A quiénes invitamos?

- ¿Qué tenemos que decidir en cuanto a los proveedores con respecto a la decoración, el servicio de banquetes y el tipo de comida, el pastel, la música y el disc-jockey, el vestido y los colores para la ceremonia? ¿Qué vestirán las damas de honor y los padrinos y cuántos serán?

¡Son tantas decisiones las que hay que tomar!

CONSEJO EXPERTO:

Respiren profundo, relájense, y reucerden hacer que todo esto sea divertido, romántico y memorable.

Existen muchos expertos que se especializan en la planificación de bodas, así que ustedes no están solos en este proceso. Los planificadores de eventos y bodas, así como los coordinadores de día, tienen experiencia en ayudar con todos los detalles minuciosos involucrados en la creación de su evento perfecto.

Aunque es posible planificar su boda sin contratar a un profesional para ayudarles, es importante asegurarse de que es una buena opción para ustedes.

Sí, acabo de decir eso. Es posible planificar su propia boda y sobrevivir.

Esta es una historia verdadera acerca de lo que ocurrió hace más de 40 años, cuando mi marido y yo nos casamos. Nos comprometimos y tuve un total de nueve meses para planificar toda nuestra boda.

Como nos conocimos, nos enamoramos y nos comprometimos mientras ambos estábamos en la Facultad de Odontología, esto es lo que sucedió después.

La planificación de la boda comenzó cuando ambos estábamos terminando nuestros últimos siete meses en la Facultad de Odontología. Durante ese tiempo, nos graduamos, pasamos los exámenes de odontología de la Junta Estatal y nos trasladamos de San Francisco a Los Ángeles. ¡Guau!

Ser decisivos y organizados nos ayudó a tener una hermosa boda con más de cien invitados, y no hubo estragos.

Hay numerosos libros y valiosos recursos en el Internet que les ayudarán si creen que hacerlo así les funcionará.

Sin embargo, hay que admitir que todo el proceso de planificación de la boda puede ser un poco estresante, y francamente abrumador, si este tipo de planificación no es algo que les gusta hacer. Por lo tanto, si no son personas que encuentran placer en hacer malabares con los detalles de la coordinación de media docena de proveedores junto con el manejo de las emociones por sus nupcias pendientes, entonces un planificador de bodas profesional o un coordinador del día de la boda está a sólo una llamada de distancia.

Para ayudarles a determinar si la planificación de su propia boda será divertida y exitosa para ustedes en lugar de una secuela del Titanic, consideren lo siguiente:

Mientras leían las preguntas al inicio de este capítulo, ¿cuando menos uno de los dos dijo: *"¡Ya sé la respuesta a eso!"* o *"¡Oh, será un rompecabezas divertido de resolver!"*? Si cualquiera de estas fueron sus respuestas, entonces es posible que disfruten del proceso de planificación de la boda por su cuenta.

Sin embargo, si ambos sintieron que se hacía un nudo en el estómago y quizá cuando menos uno se preguntó si "debían casarse", entonces contratar a un profesional para que ayude será una clave valiosa para ayudarles a disfrutar, en lugar de temer, el día de la boda.

Tener una ceremonia romántica y una recepción divertida y ser el centro de atención es fantástico. Pero si prefieren no ser los organizadores de la boda y a la vez la pareja que se casa, entonces sugiero que dejen espacio en su presupuesto para contratar a un experto que les ayude a planificar su boda.

Si les gusta cómo suena esta opción, entonces les recomiendo investigar cuáles profesionales están disponibles en su área para explorar los servicios que ofrecen. Pueden comenzar este proceso buscando en el Internet, obteniendo referencias de amigos, así como asistiendo a un Show Nupcial o a una Exposición de Bodas en su área local. Esto les dará mucha inspiración para su proceso de planificación.

La meta es disfrutar de los preparativos de la boda y hacer que estas decisiones sean lo menos estresantes posible. ¡Casarse debe ser divertido y emocionante!

Capítulo Dos

OPCIONES PARA LA CEREMONIA

Uno de los primeros pasos en la planificación de su boda es decidir qué tipo y estilo de boda quieren tener. A continuación, pregúntense: "¿Se ajustará ese tipo de boda a nuestro presupuesto?".

Sean sinceros y realistas, porque la respuesta a la pregunta sobre el presupuesto dictará el lugar, el tipo de local, el número de invitados y el estilo de boda que puedan planificar.

Mucha personas tienen ideas que competirían con la ceremonia de boda de la Princesa Diana, pero sin un tesoro real, la mayoría de nosotros tendremos que reducir un poco el presupuesto. Y eso está perfectamente bien, porque el objetivo principal del día de su boda es casarse con el amor de su vida.

Ahora hablemos de algunos de los requisitos y pasos necesarios para su boda. Recuerde que antes de poder casarse legalmente, debe adquirir una licencia de matrimonio en el condado donde se celebrará su boda. Las normas de los condados varían,[1] pero normalmente en los Estados Unidos, su licencia de matrimonio es válida durante un año después de su emisión.

Además de la licencia de matrimonio, una ceremonia de matrimonio legal también debe contar con un oficiante de bodas ordenado y calificado para llevar a cabo la ceremonia junto con dos testigos para firmar su licencia de matrimonio.

A continuación se presentan tres opciones comunes para una ceremonia de matrimonio.

Opción 1 para la ceremonia: Se pueden casar en el juzgado de su Condado.

Esto costará mucho menos dinero que la Opción 2 o la Opción 3. Una boda en el juzgado suele ser rápida y sencilla, con pocas complicaciones. No obstante, puede ser especial y muy divertida para los dos. Sin embargo, tengan en cuenta que la ceremonia tiene limitaciones en cuanto a su personalización. Siempre pueden usar su creatividad para una celebración memorable después con la familia y los amigos. Por ejemplo, puede casarse en el juzgado y luego planear una recepción con todos en su restaurante favorito para celebrar sus nuevos títulos de "Señor y Señora".

---

1 Este libro menciona los requisitos legales y costumbres para casarse en los Estados Unidos. Es muy importante que cada pareja consulte los requisitos dentro de su propio condado o país.

Opción 2 para la ceremonia: Pueden planear una ceremonia privada sin avisar a otros.

Aquí es donde los dos, junto con sus dos testigos y el oficiante de la boda, van a un lugar especial y romántico para realizar la ceremonia y casarse. Es posible que también quieran contratar a un fotógrafo para conmemorar tu día especial.

Opción 3 para la ceremonia: Pueden planear una boda con muchos amigos y familiares para celebrar con ustedes.

El número de invitados puede oscilar literalmente entre diez personas y varios cientos. El número de invitados estará limitado por el tamaño del lugar de celebración y, por supuesto, por el presupuesto de la boda.

"Entre más invitados, mejor" es definitivamente una afirmación cierta. Pero también es importante recordar que la asistencia de más personas se traducirá en un mayor gasto de dinero.

El lugar para cualquiera de las opciones anteriores puede ser un lugar cercano, o pueden optar por una boda de destino, que suele estar situada en un "lugar lejano" mágico.

Si eligen una boda de destino, sean realistas con respecto a cuántos de sus amigos y familiares tendrán el presupuesto para asistir; especialmente si es en un lugar lejano y/o internacional. Así que, al considerar esto, pregúntense qué es más importante: el destino de sus sueños o celebrarlo con el mayor número posible de sus seres queridos y amigos. Ambas opciones son perfectamente válidas: elijan lo que sea más importante para ustedes.

Capítulo Tres

¿QUÉ SON LOS VOTOS?

Dentro de cualquier tipo de boda, existirá la oportunidad de personalizar su ceremonia y de escribir sus propios votos matrimoniales.

Los votos matrimoniales son esencialmente una promesa de por vida para comprometer su corazón y su vida plenamente con su prometido. Se incorporan a la ceremonia de boda como una declaración de amor, intención y compromiso con el futuro cónyuge.

Es importante comenzar a escribir los votos con antelación. Empezar pronto significa cerca de seis semanas antes de la fecha de la boda. Por supuesto, eso no significa que vayan a tardar seis semanas en escribirlos, pero a medida que el calendario se acerque a su boda, su agenda empezará a estar más ocupada y a veces agitada. Será un gran alivio para ambos tener este punto completado con antelación y eliminado de la lista de pendientes.

Escribir sus votos no es algo que quieren empezar a hacer la noche antes de su boda. Lo repetiré para enfatizarlo. *No es conveniente escribir los votos matrimoniales la noche antes de la boda.* Esto no es como estudiar para los exámenes finales. Confíen en mí.

Al igual que cualquier historia encantadora, es importante que sus votos tengan una estructura y estén escritos con frases completas. Los cinco sencillos pasos que compartiré con ustedes están diseñados para ayudar a organizar sus pensamientos y ordenarlos de manera lógica. Esto les permitirá hacer que sus votos personalizados, escritos por ustedes, sean más emocionantes de escuchar.

Recuerden que cada uno dirá sus votos a su prometido/a justo antes de casarse. Por eso, siempre es recomendable ser sincero y veraz. Hablen con el corazón.

CONSEJO EXPERTO:

Está bien inspirarse e inclusive tomar citas directamente de canciones, libros, películas y poemas que son significativos para ustedes.

Tengan en cuenta que sus votos no deben ser la historia completa de su vida, incluyendo su pasado, presente y futuro. Los votos deben durar un máximo de 1-2 minutos para cada uno.

Todos están interesados en lo que se dicen, pero al mismo tiempo quieren empezar a celebrar su matrimonio con ambos. ¡Es la hora de fiesta!

En el Capítulo Siete, "Consejos útiles al decir sus votos", que comienza en la página 37, ofrezco sugerencias para ayudarles a sentirse cómodos al hablar frente a un público. Hablar en público es una habilidad que se puede aprender. Aunque al principio resulte incómodo, practicar varias veces antes de ese gran día les ayudará a sentirse más cómodos.

Otra cosa que se debe tener en cuenta es conversar con antelación sobre el concepto de escribir sus propios votos para la ceremonia. Es importante determinar si ambos se sienten cómodos con esto. Las bodas son obviamente un momento emotivo para todos, especialmente para los novios. Debido a la emoción de este día, puede ser difícil leer sus votos durante la ceremonia.

Los que no se sientan capaces de llorar y leer al mismo tiempo pueden considerar pedir al oficiante que lea sus votos por ustedes. En el Apéndice de las páginas 45-47 hay varios ejemplos de votos para referencia.

Capítulo Cuatro

5 PASOS PARA ESCRIBIR SUS VOTOS

Escribir sus propios votos es una forma maravillosa de personalizar su ceremonia de boda. Es una oportunidad estupenda para decirle a su futuro cónyuge lo que siente por él.

Los cinco sencillos pasos de este capítulo les proporcionarán un punto de partida apropiado para comenzar el proceso de la redacción de los votos. Al personalizar el contenido de cada paso de acuerdo con sus propios pensamientos y sentimientos, crearán un sencillo esquema a seguir. Este proceso debe dar como resultado un emotivo discurso e infundirá la confianza que necesitarán para compartir tus votos el día de tu boda.

Una vez que hayan leído este capítulo, las hojas de trabajo de los votos matrimoniales, que comienzan en la página 49, ofrecen un espacio para planificar y escribir tus votos paso a paso.

Escribir los votos es algo muy personal, así que a continuación y en los próximos capítulos me dirigiré a ustedes en singular.

PASO #1:

DECLARA QUIÉN ES TU PROMETIDO/A PARA TI.

Hazle saber a tu pareja lo importante que es para ti. Dile qué cosas hace que causen que seas ser mejor persona y para que tu relación sea especial.

Aquí tienes algunas ideas para empezar:

Eres el viento bajo mis alas ...

Eres mi mayor apoyo cuando ...

Siempre me inspiras a ...

Eres el amor de mi vida ...

Eres mi mejor amigo/a ...

Haces que mi vida sea completa ...

PASO # 2:

MENCIONA LO QUE TE ENCANTA DE TU PROMETIDO/A.

Piensa en las cosas que te atrajeron a tu pareja. Verbaliza la singularidad de su personalidad o las cosas especiales que te hacen feliz. Dile las razones por las que estás agradecido/a de tenerlo/a como pareja para toda la vida.

Aquí tienes algunas ideas para empezar:

Me encanta tu sonrisa...

Me encantan tus hermosos ojos azules...

Me encanta lo amable que eres con mi perro loco ...

Me encantan los chistes que cuentas en las fiestas ...

Me encanta que siempre toleras mis errores ...

Me encanta lo inteligente que eres ...

PASO #3:

CUENTA UNA HISTORIA PERSONAL ACERCA DE LOS DOS.

Habla de algo divertido y que resulte familiar. Recuerda que hay MUCHAS personas escuchando y que probablemente les estén grabando. Así que no digas cosas demasiado personales en esta parte.

Aquí tienes algunas ideas para empezar:

Recuerdo cuando nos conocimos en Starbucks hace dos años...

Me acuerdo cuando me tropecé con la acera en nuestra primera cita ...

Me acuerdo del viaje en que el oficial de seguridad en el

aeropuerto te detuvo porque te olvidaste de sacar la botella de agua de la mochila, y casi perdemos el vuelo ...

Recuerdo cuando mi padre seguía confundiendo tu nombre ...

Recuerdo cuando te descubrieron haciendo trampa en nuestra noche de juegos en familia...

Recuerdo cuando me di cuenta de que eras la única persona con quien quería pasar el resto de mi vida...

PASO #4:

VERBALICEN CUÁLES SON VARIAS DE SUS PROMESAS MUTUAS.

Di las cosas que sabes que son importantes para tu prometido/a en cuanto a su relación. Sé realista y concreto/a.

Aquí tienes algunas ideas para empezar:

Prometo escuchar mejor cuando estés describiendo tu día ...

Prometo dejarte elegir la película de vez en cuando ...

Prometo amarte sólo a ti ...

Prometo no dejar mis zapatos en el suelo en el pasillo ...

Prometo atesorar nuestro matrimonio para siempre ...

PASO #5:

MENCIONA ALGUNAS COSAS CONCRETAS QUE ESPERAS HACER CON TU PAREJA.

Comparte las cosas con las que has soñado y que imaginas que serán emocionantes de hacer juntos como pareja. Indica algunos de los objetivos de tu vida futura que quieres que hagan juntos.

Aquí tienes algunas ideas para empezar:

Espero viajar por el mundo contigo...

Espero construir la casa de nuestros sueños algún día ...

Espero criar nuestros hijos junto contigo.

Espero envejecer juntos...

Espero visitar todos los parques nacionales contigo...

Espero ayudarte con la organización benéfica para niños que siempre has querido fundar...

Al elegir una idea de cada uno de los cinco pasos, ya tienes un esquema básico para elaborar tu discurso de votos.

Si usas este sencillo formato, estarás en buena posición para tener tus votos escritos para el día de tu boda. Asegúrate de decir el nombre de tu prometido/a cuando leas tus votos.

CONSEJO EXPERTO:

Recuerda usar esas dos palabras esenciales, "Te amo", en alguna parte de tus votos.

A continuación se muestra un ejemplo de cómo podrían escribirse los votos matrimoniales personalizados, usando los nombres de Susie y Steve como nuestra emocionada pareja de novios.

Steve podría decirle algo así a Susie:

Susie, eres mi mejor amiga y la persona con la que más quiero estar en todo momento.

Me encanta tu hermosa sonrisa y la forma perfecta en que cocinas la pasta.

Recuerdo nuestra primera cita, hace casi tres años, cuando accidentalmente dejé la cartera en casa y tuviste que pagar la cena.

Me alegro de que me hayas dado otra oportunidad.

Y debo disculparme ahora porque creo que nunca te devolví el dinero.

Prometo amarte y espero con ilusión una larga vida junto a ti como mi hermosa esposa.

Susie, te amo mucho y estoy emocionado de ser tu marido.

CONSEJO EXPERTO:

Insertar un poco de humor, si cabe, puede hacer que tus votos matrimoniales sean más agradables y divertidos tanto para tu prometido/a como para los invitados a la boda.

Susie podría decirle algo así a Steve:

Steve, siempre has sido muy cariñoso y me has apoyado, y aprecio mucho la confianza que tienes en mí.

Me inspiras a ser mejor en todo lo que hago.

Me encanta tu sentido del estilo y tu elegante troca roja.

Cuando fuimos a la boda de Rich y Carla hace dos años, me sentí muy orgullosa de la forma en que ayudaste al encargado del banquete a evitar que el pastel se despedazara cuando la mesa se empezó a tambalear. Siempre estás en el lugar correcto en el momento correcto.

Prometo amarte y ser la esposa que te mereces.

Espero tener una vida maravillosa contigo y con nuestra futura familia algún día.

Steve, te amo con todo mi corazón, y estoy tan emocionada de que nos estemos casando.

CONSEJO EXPERTO:

Si las palabras de los votos son sinceras y van al grano, el mensaje que comunican será significativo, memorable y divertido.

Capítulo Cinco

ESCRIBE, LUEGO RECITA

Ahora que ya han escrito sus votos, hay que tener en cuenta algunos aspectos adicionales.

Dado que los votos son esencialmente un regalo el uno para el otro, suelen ser más significativos si son una sorpresa para tu prometido/a. Para lograr esta sorpresa, escribir los votos en privado y compartirlos por primera vez durante la ceremonia puede crear una experiencia más memorable.

Escuchar los votos de tu prometido/a por primera vez suele provocar risas y a veces lágrimas en ti y en tus invitados. Estas emociones suelen ser bienvenidas e incluso esperadas durante una ceremonia de boda.

Además, a veces las parejas prefieren escribir una versión detallada y personalizada de sus votos en una carta que comparten en privado con antelación. Esta carta puede titularse "Sólo para tus ojos" y permite a la pareja comunicarse sentimientos más íntimos.

Una vez que hayan escrito sus votos, transfiéranlos a un papel bonito, a una tarjeta de notas o a un cuadernillo. Este papel probablemente se añadirá a la caja de recuerdos de la boda, por lo que un papel doblado o arrugado no será la mejor opción. También se recomienda no leer los votos desde un teléfono o una tableta. Hay muchas cosas que pueden salir mal con esta opción, sobre todo porque se trata de tecnología.

Cuando llegue el momento de leer los votos, es aconsejable levantar de vez en cuando la vista de tu escrito hacia tu maravillosa pareja. Dado que estas promesas y expresiones de amor y compromiso se hacen el uno al otro, el contacto visual es especialmente importante. Mirarse el uno al otro ayudará a que esta comunicación especial sea mucho más impactante.

CONSEJO EXPERTO:

Asegúrate de escribir o teclear las palabras de forma clara y lo suficientemente grande como para que se puedan leer fácilmente durante la ceremonia.

Mantengan sus votos cortos, al grano y sinceros.

Como se mencionó en un capítulo anterior, la duración perfecta de los votos es de 1 a 2 minutos. Esto suele equivaler a unas 5-10 frases.

Sólo sabrás cuánto tiempo te lleva si has ensayado leerlos en voz alta varias veces antes de la ceremonia. Practicar frente a un espejo o grabarte en video puede ser útil si te acuerdas de ver el vídeo, tomar notas y volver a ensayar.

CONSEJO EXPERTO:

Usa un poco de humor si eso funciona con tu personalidad. Si no es así, no te sientas obligado/a a intentar ser comediante.

Escribir tus propios votos es una forma maravillosa de personalizar tu ceremonia de boda. Es una forma fantástica de compartir tus sentimientos hacia tu amado(a) junto con los sueños y las promesas que tienes para tu futuro juntos.

Si te preguntas: "¿De verdad tengo que escribir mis propios votos?". La respuesta es no.

De hecho, no tienes que escribir tus propios votos y luego decirlos delante de todo el mundo en tu ceremonia de boda. Espera ... ¡¿Qué?!

Así es. Como los votos matrimoniales son simplemente promesas que se hacen el uno al otro, el oficiante puede presentar los votos para cada uno de ustedes durante la ceremonia. Esto eliminará la necesidad de hablar delante de todo la gente durante la ceremonia, si eso ha sido una preocupación para ustedes.

El oficiante puede hacerlo de dos maneras.

Método 1 es: "Repite después de mí".

Aquí el Oficiante solo dice unas cuantas palabras a la vez, las cuales cada uno repite individualmente y luego dice: "Sí, lo haré" al final.

Método 2 es simplemente decir, "Sí, lo haré".

En esta versión, el oficiante dice los votos completos a cada uno por separado y al final simplemente dicen "Sí, lo haré". Una ligera variación de esta versión es que ambos pueden decir las tres palabras "Sí, lo haré" al mismo tiempo.

En la página 45 hay un apéndice con algunos votos que se utilizan con frecuencia en las bodas. Son una opción. Su oficiante también puede tener algunas sugerencias de votos. Recuerden que se trata de lo que ustedes quieren.

CONSEJO EXPERTO:

Decir "sí, lo haré" al unísono puede ser especialmente útil para una pareja que se sienta nerviosa o incómoda al hablar delante de un grupo de personas.

Capítulo Seis

CONSIDERACIONES FINALES

En resumen, tanto si eligen escribir sus propios votos como si no, el objetivo del día de su boda debe ser especial y agradable para ambos. La forma en que finalmente decidan planificar la ceremonia y el banquete de su boda es una serie de elecciones personales. No hay una manera buena o mala o correcta o incorrecta de diseñar su día especial.

A veces, los miembros de la familia y los amigos bien intencionados tienen ideas sobre cómo deberían planificar la ceremonia y el banquete. Algunas de estas ideas pueden ser exactamente lo que ustedes están imaginando, y otras ideas tal vez no tanto.

Intenta tratar estas conversaciones como si fueran un buffet. Elige los elementos que quieren y que tienen sentido para ustedes, y al mismo tiempo, estén abiertos a probar uno o dos elementos en los que no habían pensado antes. Muchas veces, se sorprenderán gratamente.

Los concesiones son a veces necesarias, incluso entre ustedes mismos. Consideren que el día de su boda es una excelente oportunidad para reunir a la familia y a los amigos para celebrar tu matrimonio con la pareja que has elegido para toda la vida. Sonríen y disfruten.

CONSEJO EXPERTO

El día de la boda es el inicio oficial de su futura vida juntos.
Diviértanse y tomen muchas fotos.

Capítulo Siete

CONSEJOS ÚTILES AL DECIR SUS VOTOS

- Respira, inhala profundamente y luego exhala lentamente antes de empezar a hablar. La respiración superficial dificulta la proyección de la voz. (La hiperventilación nunca es una buena idea).

- Mueve los dedos de los pies y de las manos de vez en cuando, para que la circulación siga fluyendo por todo el cuerpo y no te sientas mareado. (¡No está permitido desmayarse el día de la boda!)

- Ten en cuenta tu postura. Es conveniente que te mantengas erguido/a, con los hombros hacia atrás y con las rodillas ligeramente flexionadas para evitar que te sientas mareada. (Quieres parecer relajado/a pero no borracho/a).

- Las manos deben estar en una posición cómoda, pero no en las caderas, ni en los bolsillos, ni agarradas desesperadamente. (Los movimientos nerviosos pueden distraer.)

- Los gestos son importantes, pero no repitas los mismos una y otra vez. (Mantén todo natural).

- Presta atención a la inflexión de tu voz para que no suene monótona. (Los robots no están invitados a la boda).

- Habla despacio y con claridad mientras lees tus votos, para que todos puedan entender lo que dices. (Se tiende a hablar más rápido cuando se está nervioso).

- Acuérdate de sonreír de vez en cuando mientras hablas. (¡Es un momento de gozo!)

- No tengas chicle, mentas, palillo de dientes, tabaco de mascar o cualquier otra cosa en la boca durante la ceremonia de la boda. (¡Esto no es atractivo para nadie!)

Apéndice

PREGUNTAS FRECUENTES

¿Cuál es la diferencia entre un certificado de matrimonio y una licencia de matrimonio?

Un certificado de matrimonio no es más que un papel simbólico y conmemorativo. Se ve bonito al colgarlo en la pared y enseñarlo a los amigos, pero no es un documento legal. Tener solo este certificado no demuestra que están legalmente casado.

La licencia de matrimonio es el documento legal necesario para casarse. Se adquiere antes de la boda en la oficina del secretario del condado[2] donde se celebrará la boda. Generalmente caduca un año después de su emisión. Después de la ceremonia de boda el oficiante debe regresarlo al condado, de acuerdo con las normas del mismo, para que la registren. El plazo de entrega al condado suele ser de 21 a 30 días después de la ceremonia. Confirmen siempre las normas de su condado para asegurarse de que cumplan los requisitos legales.

---

2 Como comentamos antes, este libro menciona los requisitos legales y para casarse en los Estados Unidos. Es muy importante que cada pareja consulte los requisitos dentro de su propio condado o país.

Una vez que su licencia de matrimonio está debidamente completada y archivada en el condado, lo que generalmente es hecho por el oficiante, el documento que ustedes reciben de vuelta en el correo será entonces la prueba de que están legalmente casados.

¿Hay alguna diferencia entre un oficiante de bodas y un Oficiante de Bodas Profesional?

Un oficiante de bodas es alguien que está acreditado para realizar una ceremonia de boda, como su mejor amigo, un tío favorito o incluso el peluquero de sus perros. Este individuo generalmente consigue su certificación con el propósito de realizar una sola ceremonia de boda.

Un Oficiante de Bodas Profesional típicamente es una persona que se dedica a realizar ceremonias de boda como una carrera. Este individuo suele tener una página web y probablemente cuentas en las redes sociales, asiste regularmente a espectáculos de bodas para mantenerse relevante, tiene experiencia, es fiable y le pagan por realizar ceremonias de boda de forma regular.

Los miembros del clero (es decir, pastores, sacerdotes, rabinos, etc.) son, por supuesto, también ordenados para realizar ceremonias de boda.

¿Quién debe leer sus votos primero, la novia o el novio?

Se trata de una cuestión de preferencia personal. Si uno de los contrayentes tiene votos más largos que el otro, lo mejor es que se presenten primero los más cortos.

¿Cuánto debe durar una ceremonia de boda?

Depende de muchos factores. La duración de una ceremonia depende del número de elementos que se incluyan en ella. Cuantos más elementos se incluyan, como lecturas, cantos, rituales, número de invitados, etc., más durará la ceremonia.

¿Cuáles son los elementos y el orden típicos de una ceremonia de boda?

Las parejas son libres de incluir cualquiera de los siguientes elementos en su ceremonia de boda. La pareja también puede excluir cualquiera de los siguientes elementos, salvo los dos en cursiva:

La Declaración de Intenciones (Decir "Sí, lo haré") y el *Pronunciamiento* deben ser incluidos para tener una ceremonia de boda válida y legal.

La inclusión o no de los otros elementos es una elección personal de la pareja que debe ser discutida con suficiente antelación al día de la boda con su Oficiante de Bodas.

El orden acostumbrado es:

Procesión

Bendición familiar —Entrega de la novia

Bienvenida

Sermón/consagración/oración

Votos

Declaración de intenciones—"Sí, lo haré".

Intercambio de anillos

Rituales opcionales: Mezcla de arena, vela de la unidad, lazo, arras, etc.

Bendición/lectura

Pronunciamiento

El beso

Presentación-presentación del "Señor y la Señora".

Receso

Anuncios—Instrucciones para los invitados

¿Es costumbre invitar al oficiante de la boda a la recepción?

Esto es totalmente a discreción de la pareja. Por lo general, no se espera que el oficiante profesional asista a la recepción y se quede a cenar. Por supuesto, si han pedido a un amigo que oficie la ceremonia, es probable que asista a la recepción de todos modos.

¿Es necesario dar propina al oficiante de la boda junto con los demás proveedores?

Una vez más, esto es totalmente a discreción de la pareja de novios. Si están muy satisfechos y contentos con la ceremonia de boda que ha realizado el oficiante contratado, entonces es apropiado y muy apreciado dar una propina. La propina típica para su Oficiante de Bodas estaría en el rango de USD $50.00-$100.00.

Los miembros del clero que ofician generalmente aprecian una donación a su iglesia.

¿Es necesario tener un ensayo antes de nuestra boda?

Los ensayos son siempre útiles y generalmente sirven para eliminar la confusión en el día de su boda, especialmente si hay más de cuatro personas involucradas en su ceremonia. Cuando los niños, las mascotas y otros elementos adicionales están programados para formar parte de la boda, un ensayo previo ayudará a calmar los nervios y permitirá que todos los involucrados sepan exactamente cuándo caminar, dónde pararse, qué decir, etc.

Muchas veces, el lugar de la boda habrá incluido esta opción en el precio de su paquete, y el planificador de la boda o el coordinador del lugar dirigirá el ensayo. El Oficiante de la Boda también puede asistir, por una cuota adicional, para revisar los detalles de la ceremonia, responder a las preguntas de última hora y/o dirigir el ensayo, en ausencia de un coordinador.

Anexo

EJEMPLOS DE VOTOS

(El oficiante lee los votos y el novio y la novia responden.)

Estilo corto y dulce

(*Nombre del novio)*, ante tu familia y amigos, ¿tomas a (*nombre de la novia*) como tu amada Esposa, para tenerla y sostenerla, en la risa y en la tristeza, en los desafíos y en los éxitos, mientras ambos vivan?

El novio dice: "¡Sí, lo haré!"

(*Nombre de la novia*), ante tu familia y amigos, ¿aceptas a (*nombre del novio*) como tu amado Esposo, para tenerlo y sostenerlo, en la risa y en la tristeza, en los desafíos y en los éxitos, mientras ambos vivan?

La novia dice: "¡Sí, lo haré!"

Estilo contemporáneo

Yo, (*nombre del novio*), te tomo a ti, (*nombre de la novia*), como mi compañera de vida. Prometo caminar a tu lado para siempre amarte, ayudarte y animarte en todo lo que hagas.

Me tomaré el tiempo para hablar contigo, para escucharte y para cuidarte.

Compartiré tus risas y tus lágrimas, como tu marido y mejor amigo.

Te amo con todo mi corazón.

El novio dice: "¡Sí, lo haré!"

Yo, (nombre de la novia), me entrego a ti, (nombre del novio), en este día de nuestra boda.

Apreciaré nuestra amistad y te amaré hoy, mañana y siempre.

Confiaré en ti y te honraré. Te amaré fielmente en lo mejor y en lo peor y en todo lo que se nos presente.

Te amo con todo mi corazón.

La novia dice: "¡Sí, lo haré!"

Estilo tradicional

Yo, (*nombre*), te tomo a ti, (*nombre*), como mi legítimo(a) esposo(a), mi mejor amigo(a) y mi amor desde este día.

En presencia de Dios, de nuestra familia y de nuestros amigos, te ofrezco mi voto solemne de ser tu fiel compañero(a) en la enfermedad y en la salud, en la alegría y en el dolor, hasta que la muerte nos separe.

Prometo amarte incondicionalmente, honrarte y respetarte, reír contigo y llorar contigo, y apreciarte siempre. ¡Eres el amor de mi vida!

El novio y la novia dicen "Sí, lo haré," siguiendo las indicaciones del oficiante tras completar los votos.

Acerca de Ingrid:

La Dra. Ingrid Wright es una Oficiante de Bodas Profesional ordenada. Ingrid disfruta de ayudar a las parejas a comenzar su jornada matrimonial mediante el diseño de una ceremonia de boda memorable, divertida y libre de estrés.

Ella es una dentista jubilada, una oradora pública experimentada, y modelo-portavoz, que ha estado felizmente casada durante más de 40 años. Ingrid y su marido, Jay, disfrutan de viajar y pasar tiempo juntos con su familia. Viven en Phoenix, Arizona.

Información de contacto:

www.WeddingsByIngrid.com

Email: hello@weddingsbyingrid.com

Instagram: @weddingsbyingrid

Hojas de trabajo para los votos matrimoniales

PASO #1:

Declara quién es tu prometido/a para ti.

_____

_____

_____

_____

_____

_____

_____

_____

_____

_____

_____

_____

_____

_____

_____

_____

_____

_____

_____

_____

PASO # 2:

MENCIONA LO QUE TE ENCANTA DE TU PROMETIDO/A.

_____
_____
_____
_____
_____
_____
_____
_____
_____
_____
_____
_____
_____
_____
_____
_____
_____
_____
_____
_____
_____
_____

PASO #3:

CUENTA UNA HISTORIA PERSONAL ACERCA DE LOS DOS.

_____

_____

_____

_____

_____

_____

_____

_____

_____

_____

_____

_____

_____

_____

_____

_____

_____

_____

_____

_____

PASO #4:

VERBALIZA CUÁLES SON VARIAS DE SUS PROMESAS MUTUAS.

_____

_____

_____

_____

_____

_____

_____

_____

_____

_____

_____

_____

_____

_____

_____

_____

_____

_____

_____

PASO #5:

MENCIONA ALGUNAS COSAS CONCRETAS QUE ESPERAS HACER CON TU PAREJA.

_____

_____

_____

_____

_____

_____

_____

_____

_____

_____

_____

_____

_____

_____

_____

_____

_____

_____

_____

_____

MIS VOTOS MATRIMONIALES

_____

_____

_____

_____

_____

_____

_____

_____

_____

_____

_____

_____

_____

_____

_____

_____

_____

_____

_____

_____

_____

MIS VOTOS MATRIMONIALES

_____

_____

_____

_____

_____

_____

_____

_____

_____

_____

_____

_____

_____

_____

_____

_____

_____

_____

_____

_____

_____

_____

_____

MÁS LIBROS POR LA
DRA. INGRID WRIGHT
(Todos están en inglés)

Your Wedding Vows in 5 Easy Steps

~

Israel-*An Artist's Journey through the Holy Land*

~

Daily Whispers from God—*Inspirational Words for Every Day of the Year*

~

Nature One Evening—*A Light-Hearted Poem about Walking Home*

~

Todos están disponibles en Amazon.com